Ernst Harnischfeger · Das Gute Nacht Buch

Das Gute Nacht Buch

Mit Bildern von František Chochola

und Versen von Ernst Harnischfeger

Urachhaus

»Mutter, laß mich noch ein wenig
spielen mit den Freunden mein!
Heute bin ich ja ihr König,
und sie wollen Diener sein.

Sieh nur her, was sie mir bringen:
Brot und Käse, Rettich, Quark.
Von den vielen guten Dingen
werd' ich einmal groß und stark.

Wie sie laufen, wie sie schleppen
zu dem Saal, der goldenhell,
über Dielen, über Treppen
sind sie fort – und sind zur Stell'.«

»Doch nun ist es Zeit zum Schlafen,
kleiner König, sag es ihnen;
alle, die im Schloß dich trafen,
mögen dir beim Ausziehn dienen.

Einer nimmt die Kron' vom Kopfe,
einer Purpur, Hermeline,
einer kämmt dein Haar zum Schopfe,
komm! – zeig deine Königsmiene!

Hurtig, schlüpf in neue Kleider,
warmes Hemd mit Blumen gar,
neige dich, und sei ganz heiter,
und entlasse deine Schar…

Winke noch! – Sie sind verschwunden
in die blaue Sternennacht,
jeder hat nach Haus gefunden,
hält im Erdengrunde Wacht.

Schlaf, Kind, schlaf ein,
der Mond mit mildem Schein,
der blickt zu dir ins Fenster,
vertreibt die Nachtgespenster
und läßt dich stille sein.

Schlaf, Kind, in Ruh,
der gute Mond schaut zu,
auf seinen Silberstrahlen
gleiten die Traumesschalen
zu Gott im Nu.

Schlaf, Kind, so sacht,
im Traumesland erwacht,
triffst du die Freunde wieder,
da singen sie dir Lieder –
nun gute Nacht…«

Guck, da schläft der kleine Racker,
selig atmet er ganz wacker,
eingeschlupft in seine Decken
wollen wir ihn ja nicht wecken,
denn die Träume tragen ihn
schon zu seinen Freunden hin.

Auf der lichten Elfenwiese
spielen sie zum Tanze,
pflücken Blumen, winden diese
zu dem bunten Kranze.

Drücken ihn mit leichter Hand
auf das Haar so hell,
und sie zeigen ihm das Land
bei dem Wiesenquell.

Drunten, wo die Wurzeln sprießen,
ist der Zwerge Reich;
wo sie hacken, wo sie gießen,
wächst es alsogleich.

Regenwurm in Erdenwänden,
Engerling und Schneck
bauen unter ihren Händen
jeder sein Versteck.

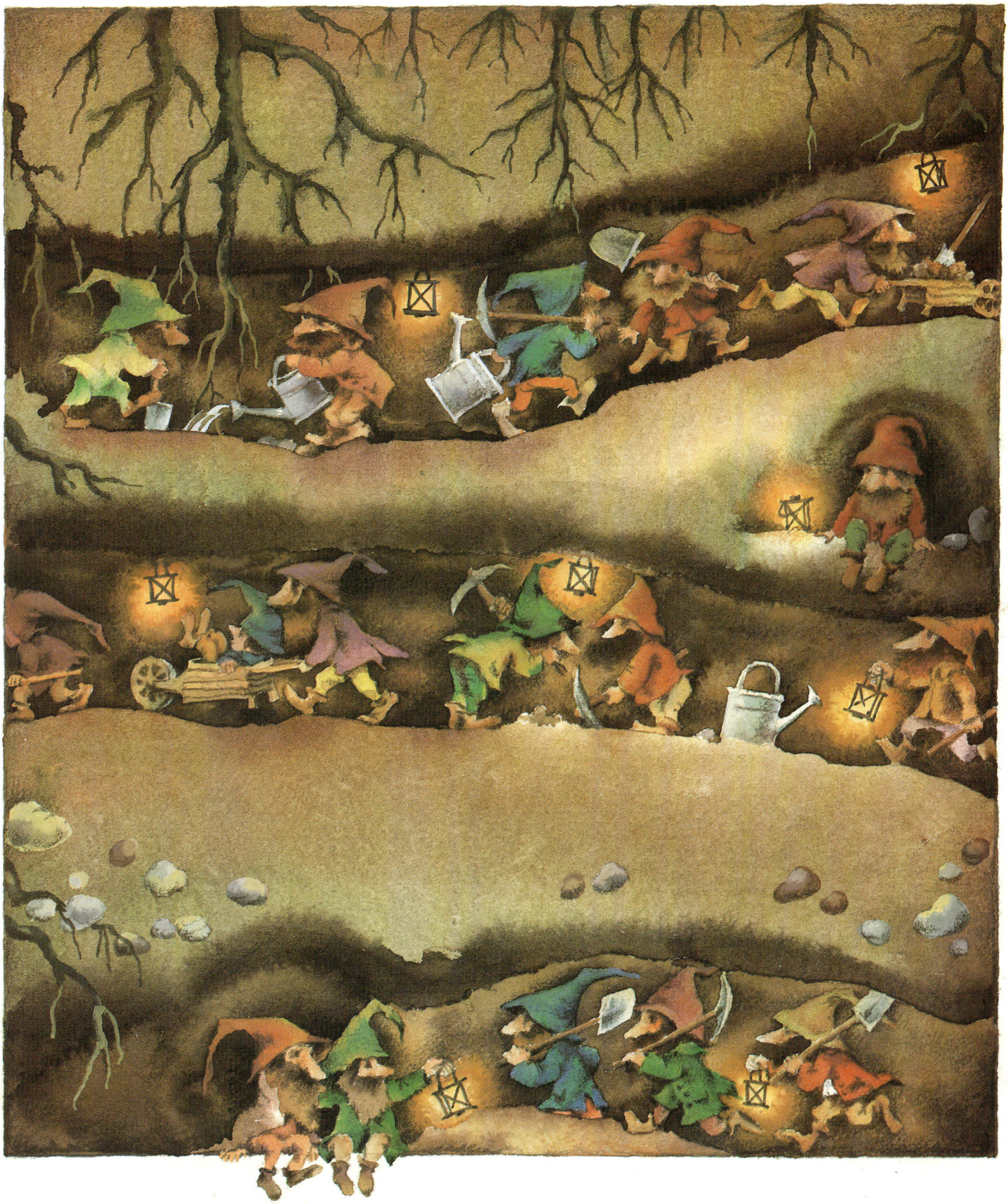

Kammern, Höhlen haben sie,
Maulwurf eine Grube,
selbst im Winter ist es nie
kalt in ihrer Stube.

Fliegenlarve, Mückenbrut
mögen wir nicht leiden,
doch der Erde tun sie gut,
und sie pflegt die beiden.

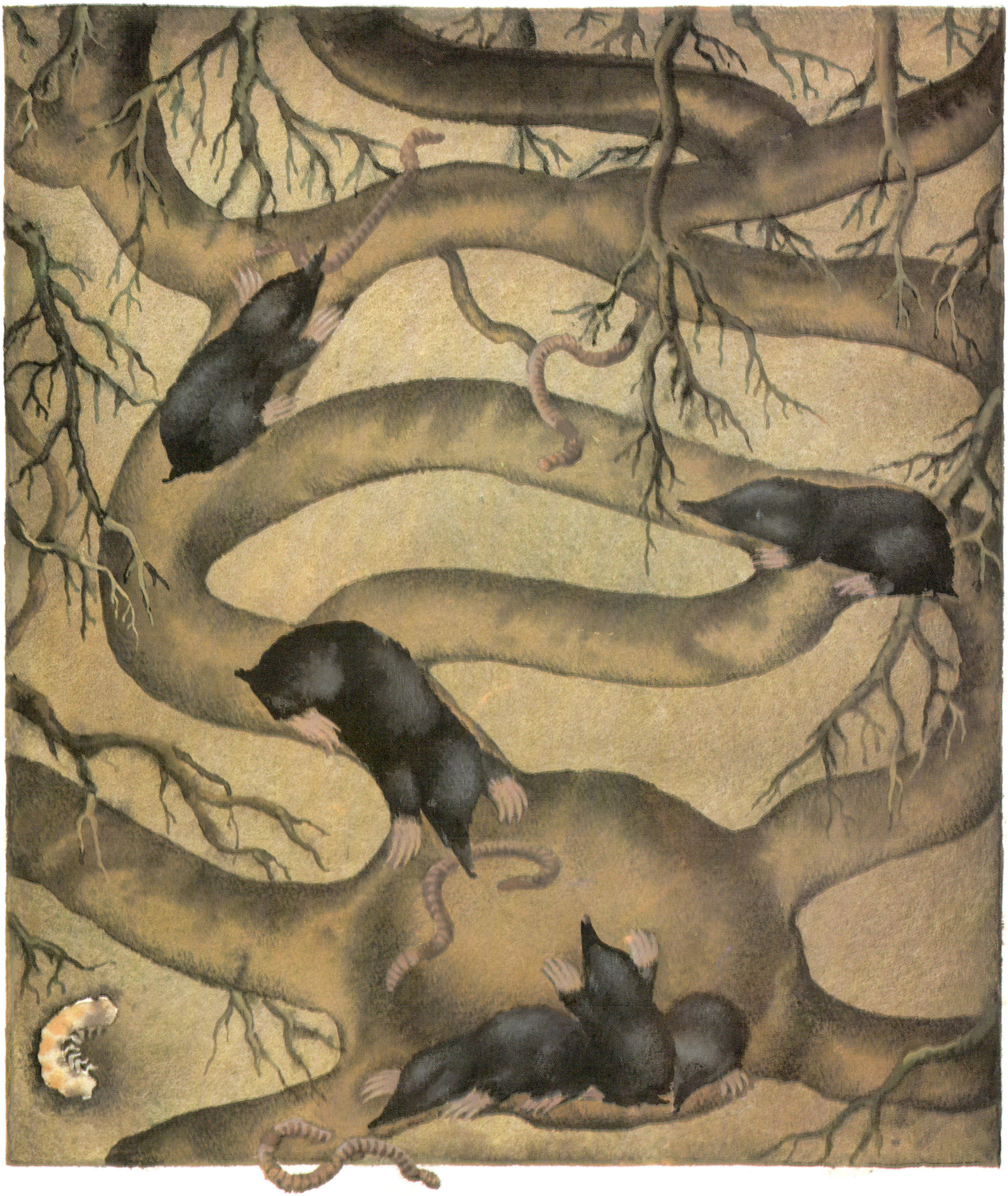

Über'm Quell im Blätterdach
wohnen die Undinen,
Fischlein in dem klaren Bach
spielen gern mit ihnen.

»Fischlein, munterer Gesell,
sollst mir nicht entkommen!
Greif ich zu – bist auf der Stell
du davongeschwommen.«

»Tanzen wir den Ringelreih'n,
singen Elfen-Weise,
tanzen zwischen Bach und Hain
Elfen mit im Kreise.

Silberglänzig, warm und duftig
ist ihr Angesicht,
und ihr Kleid weht weiß und luftig,
sie sind voller Licht.

Doch ist unser Spiel zu Ende,
eilen sie uns fort.
Sag, was heben sie behende
aus den Halmen dort?

Pinsel, Töpfe, Farbengläser
holen sie herbei,
tupfen Farbe auf die Gräser,
ob sie richtig sei.

Eifrig klettern sie zum Kelche
und – schon ist's gescheh'n! –
färben Blüten rot und welche
lila anzuseh'n.«

Ja, der Schläfer lächelt leise,
freut sich an den Auen.
Über Blüten, roten, blauen
ziehet noch der Elfen Weise.

Aber weiter geht die Reise…

Eule mit den weiten Schwingen
kommt herangeflogen,
will ihn zu den Sternen bringen!
Nacken vorgebogen,

läßt sie sich im Grase nieder:
»Kindlein, steig herauf!«
Und sie breitet ihr Gefieder,
strebt zum Himmel auf.

Drunten bleibt der Erde Dunkel,
bleiben Stadt und Haus;
in das ferne Sterngefunkel
ziehen sie hinaus.

Schlaf, schlaf Schläfchen,
am Himmel weiden Schäfchen,
die liebt der gute Hirte,
wenn eines sich verirrte,
er sucht' es überall,
und keines kommt zu Fall.

Schlaf, schlaf Schläfchen,
am Himmel stehen Schäfchen
und hören unser Singen,
sie wollen mit dir springen,
drum schlafe, schlaf, mein Kind,
und such' sie auf geschwind.

Schlaf, schlaf Schläfchen,
am Himmel grasen Schäfchen,
sie kauen lieb und leise
von ihrer Himmelsspeise,
und teilen mit dir gern
dort droben bei dem Stern.

Bist in Gott geborgen,
Kind, nun schlafe ein,
daß dich froh am Morgen
weckt der Sonnenschein.

Tausend Engel schweben
durch das Himmelszelt,
geben Lieb' und Leben
uns in diese Welt.

Sieh, dein Engel breitet
um dich seine Ruh,
dich am Herzen schreitet
Gottes Land er zu.

2. Auflage 1987
ISBN 3 87838 360 6
 Satz und Druck der Offizin Chr. Scheufele, Stuttgart